Schlange Horoskop 2024

Alina A. Rubi/Angeline Rubi

Einleitung

Der chinesische Kalender ist uralt und komplex und wurde nie vereinfacht. Viele Kulturen ersetzten den Mondkalender durch den Sonnenkalender.

Der chinesische, der islamische und der hebräische Kalender richten sich nach den Mondphasen. Es ist ein kompliziertes System, da sie nicht nur von den Mondzyklen bestimmt werden, sondern auch den Sonnenzyklus, den Zyklus von Jupiter und Saturn umfassen.

Die Chinesen betrachten die universelle Energie als vom Gleichgewicht regiert. Das Konzept von Yin und Yang ist das wichtigste innerhalb dieses Gleichgewichts. Yin ist das Gegenteil von Yang und umgekehrt, aber zusammen erreichen sie ein totales Gleichgewicht. Diese Energie ist in allem zu finden, was existiert, im Materiellen und im Immateriellen.

Das Ying/Yang-Symbol ist in zwei Hälften unterteilt, eine ist schwarz (Yin) und die andere weiß (Yang). Beide Teile sind in der Mitte durch eine Ellipse verbunden, die sie zu einer Kurve verbindet. Ihre Farben, schwarz und weiß, bedeuten, dass Dualität existiert und dass das andere unbestreitbar existieren muss, damit das eine existieren kann. Im Inneren des Yin befindet sich ein Yang-Kreis, der symbolisiert, dass Dunkelheit immer Licht braucht. Innerhalb des Yang finden wir einen Yin-Kreis, der darauf hinweist, dass wir im Licht immer Dunkelheit finden werden.

Die Ellipse, die sie verbindet, bedeutet, dass alles fließt, sich transformiert und entwickelt. Wenn es ein Ungleichgewicht zwischen einer dieser beiden Energien, Yin oder Yang, gibt, ist unser Leben nicht ausgeglichen, da sie sich gegenseitig verstärken. Wir sollten niemals denken, dass eine

Energie der anderen überlegen ist, beide müssen gleichermaßen übereinstimmen.

Leider gibt es in unserer Gesellschaft eine Tendenz, die Yang-Energie zu bevorzugen, weil man denkt, dass ihre Eigenschaften die wichtigsten sind. Auf diese Weise schaffen wir eine Trennung zwischen der spirituellen und der materiellen Ebene, denn wenn wir den Wert der Yin-Energie reduzieren, sind wir weniger reflektiert und denken, dass Empfänglichkeit etwas Negatives ist, weil sie Zerbrechlichkeit impliziert.

Das Gleiche passiert mit der Dunkelheit, wir vermeiden sie nicht nur, sondern wir fürchten uns vor ihr. Beide Energien sind wichtig. Wir können nur dann spirituelle Wesen sein, wenn es ein Gleichgewicht zwischen Yin und Yang gibt, denn du bist nicht nur Licht, sondern auch Dunkelheit. Es ist ein Fehler, die Starken oder das Handeln zu schätzen und zu privilegieren. Wir müssen das Weibliche und die Sensibilität schätzen und wertschätzen, denn nur so können wir das wahre

Gleichgewicht unseres Seins erreichen, aus einer Position der Liebe und Festigkeit heraus.

In den Zeichen des chinesischen Tierkreises sind die Yin- und Yang-Energien vorhanden, und sie sind es, die die Eigenschaften jedes Tieres und die mit ihnen verbundenen Elemente bestimmen.

Die Yin-Energie ist mit dem Dunklen, Kalten, Weiblichen, Abstrakten, Tiefen und dem Mond verbunden. Yin-Zeichen sind nachdenklich, sensibel und neugierig. Sie sind der Ochse, der Hase, die Schlange, die Ziege, der Hahn und das Schwein.

Die Yang-Energie ist mit Licht, Wärme, Oberflächlichkeit, der Sonne und logischem Denken verbunden. Sie sind impulsive und materialistische Zeichen. Sie sind die Ratte, der Tiger, der Drache, das Pferd, der Affe und der Hund.

Die Yin- und Yang-Energien sind mit den Elementen verbunden, die sich wiederum aus den Jahren ableiten, in denen sie auftreten. Jedes Element besitzt Yin- und Yang-Energie.

- Die Jahre, die mit der Zahl 0 enden, haben das Element Metall und sind mit der Yang-Energie verbunden.

- Jahre, die mit der Zahl 1 enden, haben Metall als Element und stehen im Zusammenhang mit der Yin-Energie.

- Die Jahre, die mit der Zahl 2 enden, ihr Element ist Wasser, und sie sind mit der Yang-Energie verbunden.

- Die Jahre, die auf die Zahl 3 enden, ihr Element ist Wasser, und sie sind mit der Yin-Energie verbunden.

- Die Jahre, die auf Nummer 4 enden, haben Holz als Element und sind mit der Yang-Energie verbunden.

- Jahre, die auf Nummer 5 enden, haben Holz als Element und sind mit der Yin-Energie verbunden.

- Die Jahre, die mit der Zahl 6 enden, ihr Element
ist Feuer, und sie sind mit der Yang-Energie
verbunden.

- Jahre, die auf Nummer 7 enden, haben Feuer als
Element und sind mit Yin-Energie verbunden.

- Die Jahre, die mit der Zahl 8 enden, ihr Element
ist die Erde, und sie sind mit der Yang-Energie
verbunden.

- Die Jahre, die in der Zahl 9 enden, ihr Element
ist die Erde. und stehen im Zusammenhang mit
der Yin-Energie.

Allgemeine Vorhersagen für das Jahr des Drachen

Am 10. Februar 2024 beginnt das sensationelle Jahr des grünen Holzdrachen, und laut chinesischer Astrologie symbolisiert Grün Leben, Veränderung und Wachstum.

Der zugehörige Planet ist Jupiter, ein Planet, der sehr förderlich ist; wir werden die gesäten Früchte im Jahr 2023 ernten.

Das Jahr des Drachen 2024 wird uns Glück, Wohlstand, Wohlbefinden und Fortschritt bringen. Wir werden viele Möglichkeiten für Wachstum und Transformation haben, aber auch

Herausforderungen und Komplikationen, die die Notwendigkeit von Vergebung, Einfühlungsvermögen und friedlichen Entscheidungen betonen.

In den Jahren, in denen das Element Holz ist, belohnt das Leben Menschen, die gesellig und professionell sind. Die Erlangung eines Abschlusses oder Reisen sind einige der Möglichkeiten in diesem Jahr.

Wir werden die Gelegenheit haben, unsere Führungsqualitäten zu entwickeln, es ist ein Jahr des Aufbruchs und der Schaffung von Strukturen, die langfristig Bestand haben werden.

Dieses Jahr des Drachen ist günstig für Veränderungen und Wachstum, da die Energie des hölzernen Drachens die Fähigkeit besitzt, neue Ideen zu inspirieren und unsere Fantasie zu beflügeln.

Wir werden einige Etappen erleben, die voller Schwierigkeiten sein werden, aber das sind die Momente, in denen wir die Energie des Drachens nutzen müssen, um erfolgreich zu sein und die Herausforderungen zu überwinden.

Vergessen Sie im Laufe des Jahres nicht, dass der Drache den Wandel und die Anpassungsfähigkeit verkörpert, Eigenschaften, die uns helfen werden, zu wachsen und uns zu erneuern.

Das Jahr 2024 wird ein ereignisreiches Jahr mit vielen Entwicklungsmöglichkeiten sein. Wir werden viele politische, wirtschaftliche, Beziehungs- und Umweltkonflikte erleben, die deutlich machen, dass friedliche Lösungen die Antwort auf jedes Problem sind.

Dieses Jahr wird uns anregen, neue Geschäfte zu machen und uns in der unternehmerischen Welt weiterzuentwickeln, denn die Energie des Drachen und seine Eigenschaften, mutig und ehrgeizig zu sein, werden uns inspirieren.

 Wir werden viele Anpassungsfähigkeiten entwickeln, und Geduld und Ausdauer werden es uns ermöglichen, alle Widrigkeiten zu überwinden und zum Erfolg zu gelangen.

Dies ist auch ein günstiges Jahr, um an unserem geistigen Wachstum zu arbeiten; es ist sehr wichtig, dass wir uns auf unsere Ziele konzentrieren.

Zusammenfassend lässt sich sagen, dass es ein Jahr mit positiven Veränderungen und bedeutenden Fortschritten in unserem Leben sein wird, in dem wir die Möglichkeit haben werden, Liebe zu finden, eine Beziehung zu stärken und wirtschaftlichen und geistigen Wohlstand zu haben.

Ursprung des chinesischen Horoskops

Das chinesische Horoskop hat eine mehr als 5000 Jahre alte Tradition und basiert auf dem Mondjahr.

Der Legende nach rief Buddha alle Tiere, doch nur zwölf folgten seiner Aufforderung in folgender Reihenfolge: die Ratte, der Ochse, der Tiger, das Kaninchen, der Drache, die Schlange, das Pferd, die Ziege, der Affe, der Hahn, der Hund und das Schwein.

Jedes Tier erhielt ein Jahr geschenkt und bildet den Zwölfjahreszyklus, der in der chinesischen Astrologie verwendet wird. Daher hat jedes Zeichen den Namen eines Tieres, und jedem Tier entspricht ein Jahr.

Jedem Tier wurde außerdem eines der fünf Elemente zugeordnet, die den planetarischen Energien entsprechen:

- Wasser (Planet Merkur)
- Metall (Planet Venus)
- Feuer (Planet Mars)
- Holz (Planet Jupiter)
- Erde (Planet Saturn)

Das chinesische Horoskop drückt die Analogie der kosmischen Energien mit jedem Individuum aus. Aus diesem Grund wird die Energie jeder Person durch eines der zwölf Tiere repräsentiert, die dieses Tierkreiszeichen-System bilden.

Jedes Tier und die Energie, die Ihnen entspricht, werden durch Ihr Geburtsdatum bestimmt. Diese Energien bestimmen dein Verhalten und wie du die Welt wahrnimmst. Für die Chinesen symbolisieren diese Zeichen die bemerkenswertesten Eigenheiten unseres Charakters. Um die Bedeutung der Tiere richtig zu verstehen, müssen wir sie als spirituelle Symbole sehen.

Das chinesische Horoskop basiert nicht auf dem Sonnenzyklus, auf dem das westliche Horoskop basiert. Es basiert auf den Zyklen des Mondes. Jedes Mondjahr hat zwölf neue Monde und alle zwölf Jahre einen dreizehnten, daher fällt ein neues Jahr nie mit dem Datum des Vorjahres zusammen.

Die zwölf Tiere des chinesischen Horoskops beeinflussen das Leben, das Glück und den Willen eines jeden Menschen. Diese Qualitäten zeigen sich nicht offen im täglichen Leben, aber sie sind immer präsent und wirken in Form von verborgenen Kräften.

Die chinesische Zwölfjahresperiode ist mit dem Transit des Planeten Jupiter verbunden, und jedes chinesische Mondjahr entspricht in der westlichen Astrologie fast der Dauer des Transits von Jupiter durch ein Tierkreiszeichen. Jupiter befindet sich in der westlichen Astrologie immer in dem Zeichen, das traditionell dem Tier im chinesischen Horoskop entspricht.

Chinesisches Element des Jahres 2024, Holz

Das Element des Jahres 2024 ist Holz. Holz ist ein kreatives Element. Wenn dieses Element aufgrund deines Geburtsjahres auf dich zutrifft, solltest du diese Energien kreativ kanalisieren.

Holz symbolisiert Mitgefühl und Toleranz. Wenn Sie sich diese Energien zunutze machen wollen, ist es wichtig, sich das ganze Jahr über mit natürlichen Pflanzen, Blumen und grünen Gegenständen zu umgeben.

Holz ist ein Element, das mit der Fähigkeit zu projizieren und Entscheidungen zu treffen verbunden ist; daher wird das Jahr 2024 ein Jahr der Entwicklung, der Evolution und des Aufblühens sein.

Dieses Element hat mit Verdauung, Atmung, Herz und Stoffwechsel zu tun und sorgt in der traditionellen chinesischen Medizin für einen kontinuierlichen Energiefluss. In Bezug auf die Gefühle bedeutet dies, dass wir unsere Emotionen richtig ausdrücken.

Holz wird uns im Jahr 2024 helfen, Bewusstsein und Verständnis für die objektive Realität zu gewinnen. Es wird uns Festigkeit und Einfühlungsvermögen in unseren Beziehungen bringen.

Holz, das mit unserer Persönlichkeit zusammenhängt, wird uns die richtige Dosis an Enthusiasmus, Entschlossenheit und Dynamik bringen, damit wir in der Lage sind, zu handeln und alle Herausforderungen dieses Jahres zu meistern.

Holz ist das Element, das wir in diesem Jahr brauchen, um die notwendigen Entscheidungen treffen zu können, für Veränderungen, die wesentlich sind.

Dank dieses Elements werden wir über die richtigen Strategien und die Fähigkeit verfügen, alle Prozesse zu organisieren und zu

kontrollieren, aber wir werden auch flexibel
bleiben.

Obwohl dies das Element des Jahres 2024 ist,
müssen Sie, wenn Sie ein Unternehmen haben
und wollen, dass es floriert und wirtschaftlichen
Reichtum hat, die anderen Elemente
berücksichtigen.

Im Geschäftsleben ist **das Element Wasser** das
wichtigste Element, denn es steht für Überfluss,
Reichtum, Macht und die Fähigkeit, Geld zu
verwalten, anzuhäufen und zu sparen.

Wasser darf nicht stagnieren. Es sollte nicht in
einer Vase stehen, wenn das Wasser nicht jeden
Tag gewechselt wird, denn wenn es stagniert,
wird der Gewinn geschmälert und die Kunden
vergrault.

Wasser muss fließen, damit Geld fließen kann.
Wenn Sie ein Schwimmbad haben, muss es
gereinigt werden, und wenn Sie einen
Springbrunnen haben, muss er den Kreislauf von
Ein- und Austritt des Wassers erfüllen. In einem
Fischbecken muss es sich bewegen und mit

Sauerstoff angereichert werden. In den Leitungen muss es fließen, mindestens einmal am Tag muss man es fließen lassen, indem man den Hahn öffnet.

Jedes Unternehmen muss das Element Wasser in Bewegung halten, sonst kann es keine Waren anhäufen oder sich weiterentwickeln.

Selbst wenn es sich nur um ein kleines Aquarium oder einen Behälter handelt, bei dem das Wasser täglich gewechselt wird.

Das Wasser sollte sich am Eingang des Unternehmens oder im nördlichen oder nordwestlichen Bereich des Unternehmens befinden, wo das Geld aufbewahrt wird oder wo die Verwaltung des Unternehmens stattfindet.

Das Element Feuer sollte in einem Unternehmen im Süden des Gebäudes platziert werden.

Sie kann am Eingang, am Ende oder an den Seiten des Gebäudes angebracht sein. Wenn es sich aber um ein Lebensmittelgeschäft handelt, kann es überall sein.

Feuer symbolisiert Beliebtheit und die Art von Überfluss, die sich nicht anhäuft, daher muss Wasser auf der gegenüberliegenden Seite des Feuers verwendet werden, denn Feuer zieht Kunden an, und Wasser hält den wirtschaftlichen Fluss aufrecht.

Das Element **Erde** ist ursprünglich, denn es ist die Basis, aus der sich alles speist.

Zwei verzierte Gefäße mit Trockenblumen oder ein Steinsockel können das Element Erde symbolisieren.

Die Erde muss in der Konstruktion vorhanden sein, aber auch in der Mitte des Raumes, oder im Südosten gelegen, weil es ist, wo es sich am besten zum Ausdruck bringt. Erde gibt Sicherheit, muss aber von Feuer im Süden und Wasser im Norden begleitet werden.

Die Erde ist stabil, formbar und das Spiegelbild des gesamten Planeten.

Wenn Sie ein Unternehmen gründen wollen, um zu überleben, genügt es, sich um das Element Erde zu kümmern.

Das Element Metall ist sehr dynamisch und aktiv und bietet vielfältige Möglichkeiten im Geschäftsleben. In der Vergangenheit wurde Metall in China als Gold angesehen.

Das Element Metall steht für Stärke und Macht, Kontinuität, Sicherheit und Reichtum,

Seine Position ist der Westen, und vergessen Sie nicht, dass Metall zusammen mit dem Kristall jede Einstiegs- und Ausstiegsposition eines Unternehmens stärkt.

Das Holzelement ist trotz seiner Zerbrechlichkeit die Grundlage der Konstruktion.

Holz sollte im Osten des Geschäfts platziert werden, aber es ist ratsam, es diametral zum Metall zu platzieren.

Metall im Westen, Holz im Osten, Feuer im Süden, Wasser im Norden und Erde in der Mitte, so dass Ihr Unternehmen immer erfolgreich sein wird.

Die Bedeutung der Elemente im chinesischen Horoskop

Element Metall

Menschen, die in den Jahren geboren sind, die im chinesischen Horoskop auf 0 oder 1 enden, werden dem Metallelement zugeordnet. Metall, das Material, aus dem Schilde und Schwerter hergestellt werden, ist das Element, das Festigkeit und Ehrlichkeit, aber auch Strenge symbolisiert.

Metall ist das Element des Herbstes, der Jahreszeit der Ernte und des Überflusses. Es ist dual wie die Funktionen seines Elements, denn in Form eines Schwertes verflüssigt es, und als

Löffel nährt es. Metall kommt aus der Erde, wird von Feuer beherrscht und verklärt Holz.

Die Persönlichkeit dieser Personen, die dem Metallelement angehören, neigt dazu, stark ambivalent zu sein. Sie kommen am besten zurecht, wenn sie allein sind, denn sie sind niemandem Rechenschaft schuldig.

Sie sind entschlossen, gestalten ihr Schicksal selbst, sind stur, professionell und gleichgültig gegenüber jedem Versuch eines Kompromisses. Ihre Freiheit steht an erster Stelle, und es ist sinnlos, sie unter Druck zu setzen, geschweige denn ihnen zu helfen, denn sie hören auf niemanden und akzeptieren keine Einmischungen und Hindernisse. Sie verlassen sich nur auf sich selbst und lassen sich von niemandem beeindrucken, denn sie sind mächtig und fähig, Großes zu leisten.

Für sie gibt es keine Schwierigkeiten, die sie aufhalten können, und selbst wenn eine Situation unhaltbar wird, leisten sie bis zum Ende Widerstand. Sie sind ehrgeizig und berechnend, sie lieben Geld, Macht und Erfolg und werden keine Mittel scheuen, um ihre Ziele zu erreichen, auch wenn das bedeutet, dass sie Beziehungen zerstören.

Sie eignen sich für Berufe, in denen sie ihr Element zum Ausdruck bringen können: Juweliere, Finanziers, Versicherungen jeglicher Art, Schlosser, Bergleute, Chirurgen, und für alle Bereiche, in denen sie sich von anderen unterscheiden können. Sie können auch in Berufen erfolgreich sein, die mit Holz oder Papier zu tun haben. Berufe, die mit Wasser zu tun haben, sind vorteilhaft, Berufe, die mit Erde zu tun haben, können zu Konflikten führen, und von Berufen, die mit dem Element Feuer zu tun haben, sollten sie sich fernhalten.

Sie sind nicht an Gefühlen interessiert und lassen sich von den Schwierigkeiten anderer nicht beeindrucken, bis hin zur Manipulation, wenn sie sich einen Vorteil verschaffen können. Die Leidtragenden sind vor allem die Menschen des Holzelements, da es sie mit frontalen

Aggressionen manipuliert und unterdrückt. Die Menschen des Wasserelements hingegen erhalten, da sie empfänglich sind, einen wirksamen Anstoß, der ihnen enorm zugutekommt. Die Einzigen, die sie wirklich beugen können, sind Personen, die dem Feuerelement angehören, denn sie beherrschen ihre Unempfindlichkeit und Strenge mit einer ansteckenden Emotion.

Körperlich erkennt man einen Menschen des Metallelements an seinem traurigen Blick und der blutarmen Gesichtsfarbe. Sie sind zerbrechlich, anfällig für Stress und können durch Temperaturschwankungen und schlechte Ernährung beeinträchtigt werden. Deshalb sollten sie ihren Appetit anregen, wobei würzige Speisen im Vordergrund stehen sollten.

Die günstigste Jahreszeit für sie ist der Herbst, und in dieser Zeit können sie ihre Potenziale am besten entfalten, was aber nicht bedeutet, dass sie es übertreiben oder stur sein sollten. Er sollte weiße Kleidung tragen und Metalle und weißen Quarz als Amulette verwenden.

Metall ist starr und unnachgiebig und hat keine Angst vor Gefahren. Es ist eine unabhängige Art von Person, die, getrieben von Gier, geht mit Ausdauer, konzentriert sich auf den Erfolg, plant im Voraus, und verabscheut die spontane.

Wenn es einmal einen Weg eingeschlagen hat, ändert es ihn nicht mehr. Trotz ihrer äußeren Unempfindlichkeit strahlen Menschen dieses Elements eine Anziehungskraft aus, die von allen wahrgenommen wird, mit denen sie in Verbindung stehen. Um von ihren Fähigkeiten zu profitieren, müssen sie jedoch lernen, weniger dogmatisch zu sein, da dies ihre Beziehungen beeinträchtigt.

Menschen, die im Metallelement geboren sind, müssen sich erziehen, damit sie ihre Gefühle ausdrücken können. Wenn sie dies nicht tun, werden sie das Gefühl haben, dass ihre Energien vermindert sind.

Element Erde

Menschen, die in den Jahren geboren sind, die auf die Zahlen 8 oder 9 enden, gehören dem Erdelement an. Diesem Element entsprechen die Eigenschaften von Standhaftigkeit, Ausdauer und Fruchtbarkeit. Obwohl die Erde in der chinesischen Astrologie keine eigene Jahreszeit hat, ist sie im Kalender mit den letzten zwei oder drei Wochen der anderen Jahreszeiten verbunden.

Erde ist das Element, das für Stabilität und Greifbarkeit steht, aber bei einem Übermaß verwandelt es die Menschen in vorsichtige, misstrauische und starrköpfige Menschen und schränkt ihre Initiativen und Fantasien ein.

Der Mensch des Erdelements ist geduldig und bescheiden, arbeitet immer mit Beständigkeit, ohne sich einen Augenblick der Freude oder Unordnung zu gönnen. Er wird nie müde und kann ebenso eifrig und materialistisch wie naiv und umsichtig sein. Sein unbestreitbarstes Merkmal ist seine ausgeprägte Entmutigung. Er ist zu ernst, liebt es zu planen und zu lenken, ist entsetzt über Zufälle, und obwohl er intelligent ist und ein außergewöhnliches Gedächtnis hat, stört es ihn, glanzvoll zu erscheinen.

Unermüdlich nachdenklich, ehrgeizig und ängstlich, ist es so ausgesetzt, die Milz aufzuladen, ein Organ, das mit diesem Element verbunden ist und das geschwächt ist, wenn die Person eine scharfe Mentalität hat.

Die Person, die zu diesem Element gehört, zementiert persönliche Beziehungen allmählich, aber für eine lange Zeit erträgt. Es ist sehr hingebungsvoll und Verteidiger in der Liebe, immer bereit, Vertrag und erfüllen ihre Verantwortung, und obwohl es nicht demonstrativ in ihren Gefühlen ist eine Schulter, die immer aufgezählt werden kann, weil es an Ihrer Seite in den Momenten, die Sie brauchen es sein wird.

In ihrer Arbeit sind sie ernsthaft und zurückhaltend, aber auch organisiert und zuverlässig. Sie sind die richtigen Leute, um Geschäfte mit Moral, Sparsamkeit und feuerfester Ehrlichkeit zu führen. Ihr logisches Denken macht sie zu unschlagbaren Vermittlern bei Problemen, die mit ihren eigenen praktischen und günstigen Auswegen dazu beitragen. Sie eignen sich für Berufe, die Geschicklichkeit erfordern, aber keine Initiative erfordern, oder für Führungssituationen.

Obwohl sie wegen ihrer Launenhaftigkeit und Nostalgie und ihrer Unfähigkeit, fröhlich zu sein, nicht leicht zu ertragen ist, verbindet sie sich gut mit dem Metallelement, dem sie Stabilität verleiht, und mit dem Wasser, das sie geschickt zu bändigen und zu lenken weiß.

Es hat normalerweise Konflikte mit dem Holzelement, da es zwar schützt, aber manchmal auch erstickt, und mit dem Feuer, das es sowohl antreibt als auch schwächt.

Das Erdelement ist mit dem Planeten Saturn verbunden. Sie müssen sehr vorsichtig sein mit dem Verzehr von Süßigkeiten, etwas, das Sie lieben, da es mit Ihrem Element verbunden ist. Sie sollten immer die natürliche Süßigkeit wählen und die Verwendung von weißem Zucker begrenzen, da dieser das Kalzium in ihrem Knochensystem zerstört. Sein anderer Schwachpunkt ist das Verdauungssystem, das ihn in der Regel stark bestraft, deshalb sollte er eine leichte und leicht verdauliche Ernährung einhalten. Es wird empfohlen, den direkten Kontakt mit Mutter Erde zu suchen, indem sie barfuß im Sand oder auf dem Feld laufen.

Seine Glücksfarbe ist gelb, und sein Quarz ist Topas und Citrin.

Die Erde steht für Wohlstand, Vernünftigkeit, Materialismus und Sicherheit.

Diese Menschen neigen dazu, introspektiv zu sein, was ihnen eine große Fähigkeit zum Denken verleiht. Die Erde ist das Gefäß des Lebens und diese Siegel der unauslöschlichen Form zu denen unter dem Einfluss dieses Elements geboren, da sie stabile Menschen, in denen Sie delegieren können, sind.

Die Erde nährt sich vom Feuer und erzeugt eine große Energie, die Metall erhitzt und schmilzt, Wasser bändigen und von Holz verzehrt werden kann.

Um sich wohlzufühlen, braucht der Mensch des Erdelements materielle Sicherheit, obwohl er fleißig, formal und organisiert ist. Man kann ihnen vorwerfen, dass sie anmaßend sind, aber aufgrund ihrer Verdienste gehen sie langsam auf ihre Ziele zu und erzielen stabile Ergebnisse.

Element Feuer

Menschen, die in den Jahren geboren sind, die auf 6 oder 7 enden, entsprechen dem Feuerelement. Zu diesem Element gehören Leidenschaft, Mut und Führung. Das Feuerelement ist das Element der Sommersaison, in der alles fruchtbar wird und seine Vollendung findet. Es ist mit dem Planeten Mars verbunden, der wohltuend, aber manchmal impulsiv ist. Es ist übermäßig steril und symbolisiert die Person, die sich auszeichnet, aber auch andere schlecht behandelt. Kämpferisch, eitel und reizbar, geht die Person dieses Elements von Wut zu ungezügelter Freude über.

Seit seiner Kindheit hat er eine Führungspersönlichkeit, Ehrgeiz ist in seinem Leben präsent, er liebt Gefahren, Lachen, Begeisterung und Konflikte. Schwierigkeiten entmutigen ihn nicht, sondern spornen ihn an, weiterzumachen, und in diesen Fällen durchläuft er eine heftige Metamorphose.

Diese Menschen sind zum Gewinnen geboren, aber sie wissen nicht, wie sie es zugeben sollen, weil sie es nicht schaffen, sich selbst zu beobachten und ihre Energien zu nutzen. Sie sind großartig im militärischen Bereich, im Sport und als Chefs, da die anderen vor ihrem Charisma untergehen. Sie verstehen es, die Energien des Holzelements zu nutzen, indem sie ihre Genialität in den Dienst ihrer Sache stellen und in den Menschen des Erdelements den lebenswichtigen Mut zum Vorwärtskommen wecken.
Menschen, die dem Wasserelement angehören, neigen dazu, ihre Leidenschaft auszulöschen, und Menschen, die dem Metallelement angehören, stellen sie mit einer Starrheit auf die Probe, die ihr Energiefeld auslaugt.

Das am leichtesten geschädigte Organ bei diesen Menschen ist das Herz, es besteht die Möglichkeit einer Tachykardie. Darüber hinaus können sie von Korund Darmprobleme leiden. Sie sollten Kleidung in hellen Farben tragen, unter denen Rot überwiegt, und als Amulette Quarze wie Granate und Hämatit verwenden. Sie sollten auch Weihrauch und Kerzen verwenden.

Diese charismatischen, leidenschaftlichen und opportunistischen Menschen kommunizieren gut und sind handlungsorientiert. Ihr Egoismus und ihr Wunsch nach Erfolg sind unberechenbar und sie verlassen sich nur auf ihre eigenen Ansichten. Sie neigen dazu, Details zu vernachlässigen, da sie manchmal stur sind und Ziele anstreben, die intensive Arbeit erfordern.

Menschen, die unter dem Einfluss des Feuerelements geboren sind, sind positiv, geben immer ihr Bestes und engagieren sich in allem, was sie tun, mit Liebe und Willen. Ihre Energien dienen dazu, diejenigen um sie herum zu unterstützen, denen es daran mangelt.

Das Feuer heizt das Haus, es ermöglicht uns die Zubereitung von Speisen. Dieses Element nährt die Erde durch die Asche, es ernährt sich von trockenem Holz, d.h. Holz, seine Hitze beherrscht das Metall, d.h. es macht es flexibel, und es kann nur von Wasser beherrscht werden.

Eine Führungspersönlichkeit hat immer ein Übermaß an Feuerelementen und neigt dazu, schnelle Entscheidungen zu treffen. Er fühlt sich zu unkonventionellen Ideen hingezogen, hat keine Angst vor Gefahren und ist immer in Bewegung. Es ist wichtig, dass er emotionale Intelligenz erlernt, denn Arroganz kann seinen Egoismus verstärken und ihn unkontrollierbar machen, insbesondere wenn er auf Hindernisse stößt. Dieser selbstzerstörerische Stil ist vor allem in der Jugend ausgeprägt.

Der Erfolg begleitet die Menschen des Feuerelements, aber sie müssen sehr vorsichtig sein mit Instabilität und Unruhe, die die häufigsten Unzulänglichkeiten der Feuergeborenen sind. Es ist besser, diese Fehler zu beherrschen, um nicht von ihnen versklavt zu werden. Sie sollten sich einen ruhigen Ort suchen, an dem sie in Frieden leben können, und auch Meditation wird sie ins Gleichgewicht bringen.

Menschen mit dem Feuerelement sind hartnäckig und lukrativ.

Element Holz

Menschen, die in den Jahren geboren sind, die
auf die Zahlen 4 oder 5 enden, gehören dem
Element Holz an. Holz ist das Element, das
Harmonie, Schönheit und Kreativität
symbolisiert. Sie haben ein sehr hohes Maß an
Selbstvertrauen und einen eisernen Willen, was
sie zu den richtigen Menschen macht, um für eine
gerechte Sache zu kämpfen.

Holz ist mit dem Planeten Jupiter verbunden, es
ist das günstigste der Elemente, Symbol für
Beständigkeit und Wissen. Anpassungsfähig
biegt es bequem, und hat mehrere Anwendungen,

die kommunikativ, geben und ehrliche Menschen
zu charakterisieren.

Menschen mit dem Holzelement sind kreativ und
vital, aber manchmal sind sie zerstreut und nicht
in der Lage, ihren Weg zu finden und ihre Ziele
zu erreichen. Sie vertrauen anderen bis hin zur
Unschuld, sind gerne mit allen zusammen und
entdecken immer neue Dinge, die sie preisgeben
und sich selbst befriedigen können. Sie fühlen
sich zur Natur und zu Kindern hingezogen und
geben der Familie den Vorrang.
Gelegentlich neigen sie dazu, unrealistische
Erwartungen zu stellen, ihren Körper
herabzusetzen, zu viel zu essen und sich in
Leidenschaft und Sinnlichkeit zu verlieren.
Sie sind es gewohnt, Partner aus dem
Wasserelement zu wählen, von denen sie Mut
und Unterstützung erhalten, und solche aus dem
Feuerelement, die sie mit ihren brillanten Ideen
versorgen.
Es verträgt sich nicht sehr gut mit dem
Metallelement, das es gnadenlos zerstört.

Das Element Holz erkennt man an seiner grünlichen Farbe. Diese Menschen sollten sich um ihre Augen kümmern.

Holz wird verwendet, um Unterkünfte zu bauen, so dass es uns schützt. Holz deckt sich mit der Kreativität des Wassers, und dank dieser Eigenschaft verstehen und helfen sie anderen.

Diejenigen, die unter dem Holz-Element geboren sind, haben innere Konflikte, um sich Regeln und Traditionen zu unterwerfen, wo strenge Urteile ständig in Kraft sind. Dieses Element nährt das Wasser und ist gleichzeitig Brennstoff für das Feuer. Seine Energie wird von der Erde aufgesaugt und vom Metall unterjocht.

Menschen mit dem Element Holz erringen immer große Erfolge und haben eine begehrte Struktur. Ihre Berufe sind vielseitig. Sie legen großen Wert auf Integrität und streben danach, einen festen Platz im Leben zu finden. Der Glaube an den Erfolg und ihre analytischen Fähigkeiten geben ihnen die Fähigkeit, auch die komplexesten Probleme ohne Zögern anzugehen. Mit einer unglaublichen Überzeugungskraft agieren sie in vielen Bereichen, da sie stets auf Entwicklung und Veränderung abzielen.

Ihr natürlicher Wille hilft ihnen, voranzukommen, und sie finden immer Unterstützung und das nötige Kapital, da andere Menschen auf ihre Fähigkeit zählen, Ideen in Wohlstand zu verwandeln.

Sein Haupthindernis ist es, die Dinge auf die Spitze zu treiben. Wut und unterdrückte Wut wirken sich absolut negativ auf die Energien dieses Elements aus. In der Nähe von Bäumen zu sein und sie zu berühren, gleicht das Holzelement aus.

Bei der Arbeit sind Menschen, die dem Element Holz angehören, ordentlich, intelligent und einfallsreich. In kommerziellen Aktivitäten sind sie mehr fruchtbar, wenn die Arbeit ist Teamarbeit, und ist gut strukturiert.

Kein Arbeitsbereich, der mit ihrem Element zu tun hat, ist ungünstig, aber diejenigen, die mit Feuer zu tun haben, können sie bis zu einem

gewissen Grad beeinträchtigen, und diejenigen,
die mit Metall zu tun haben, werden sie ruinieren.

Element Wasser

Das unempfindlichste und gefühlloseste Element, das mit dem Winter, der Langlebigkeit und dem Planeten Merkur verwandt ist, ist der Herrscher der Kommunikation und der tiefen Zuneigung.

Ein Mensch mit dem Element Wasser ist sensibel, aber hermetisch. Er ist barmherzig, sentimental und zerbrechlich, hasst Kritik und entscheidet sich deshalb, im Verborgenen zu handeln, um sich zu schützen. Er ist herzlich, wortgewandt und gleichzeitig besonnen und weiß, wie man Rückschläge überwindet, ohne sich aufzuspielen, mit Gerissenheit, Scharfsinn und Ausdauer. Auf diese Weise erreicht er seine Ziele indirekt und im Stillen, wobei er den Eindruck erweckt, rücksichtsvoll und verständnisvoll zu sein.

Energiemangel ist ein Problem für das Wasserelement, wenn es nicht lernt, seine Hilflosigkeit mit der Kraft auszugleichen, die aus der Reflexion und der Kommunikation mit den tiefsten Teilen seines Wesens kommt. Panik ist immer die Leitschnur seines dramatischen Lebens, das oft in der Dunkelheit gelebt wird, aus Angst, sich zu zeigen und zu kämpfen.

Auf beruflicher Ebene ist er durch den Wettbewerb gehemmt, aber er leistet gute Arbeit an klaren und geschützten Orten wie Schulen, Buchhandlungen, Redaktionen oder überall dort, wo die Kommunikation, mündlich oder schriftlich, der primäre Mechanismus ist, und in der Gesellschaft von friedlichen Kollegen, die zu seiner Persönlichkeit passen, wie z.B. jemand vom Holzelement, mit dem der Wunsch nach Weisheit zusammenfällt, oder vom Metallelement, von dem er Entscheidungen erhält. Umgekehrt passt er sich weder an das Feuerelement an, das er auslöscht und entmutigt, noch an Personen, die dem Erdelement angehören, bei denen er sich eingeschränkt, konditioniert und behindert fühlt.

Schwarz ist die Farbe, die sie begünstigt, aber sie sollten es mit Mäßigung verwenden, weil es dazu neigt, sie zu entmutigen. Das gleiche geschieht mit dunklem Quarz, die Glück anziehen, wie Jet, Onyx und Turmalin. Um das Beste aus seinen Qualitäten zu machen, ohne in die Extreme zu gehen, und um Streuung zu vermeiden, sollte die Person des Wasserelements seine Pläne im Winter beginnen.

In positiven Perioden vermitteln die Liebesbeziehungen dieses Elements Zärtlichkeit, Gleichmut und Vorsicht, Potentiale, die es ihnen ermöglichen, sich mit der nötigen Klugheit zu verhalten, um die Ursachen ihrer Konflikte zu beseitigen, wenn sie auftreten.

Sie haben ein unglaubliches Denkvermögen, obwohl ihre zurückhaltende, tiefe und trübe Persönlichkeit sie zu Melancholie neigen lässt. Sie zeigen auch einen Mangel an Sicherheit und Kühnheit. Kreativität ist eine der Haupteigenschaften, die dieses Element repräsentiert, ebenso wie Anpassung, Sanftmut, Barmherzigkeit und Mitgefühl. Ohne Wasser gäbe es keinc Lebewesen auf der Erde, dieses Element ist rein und kristallin, Eigenschaften, die diejenigen haben, die zu diesem Element gehören.

Menschen, die diesem Element angehören, sind leutselig und haben einen wunderbaren Einfluss auf andere. Sie haben eine originelle Intuition, die es ihnen ermöglicht, schnell zu erobern. Ausdauer und Klarheit geben ihnen die Möglichkeit, Ereignisse vorherzusagen.

Sie können die Fähigkeiten anderer wahrnehmen und sie wirksam inspirieren, aber sie sind diskret und lassen andere nicht merken, dass sie sie nutzen.

Der Missbrauch von Natrium oder Alkaloiden und Lebensprototypen, die von den üblichen Strukturen abweichen, sind für Menschen, die im Wasserelement geboren sind, sehr schädlich. Die Einhaltung der Schlafzeiten, die Aufrechterhaltung einer entspannten geistigen und emotionalen Gesundheit und der Kontakt mit Wasser stellen ihre Harmonie wieder her und optimieren ihre Energien.

Diejenigen, die einem Wasserelementzeichen angehören, können Berufe ergreifen, die mit Holz und Feuer zu tun haben, und erfolgreich sein, Berufe ausüben, die mit ihrem eigenen Element zu tun haben, und Berufe, die mit Erde zu tun haben, ablehnen, da Erde das Wasser unterdrückt.

Kompatibilität und Inkompatibilität

Sie sind kompatibel:

Ratte - Drache - Affe.

Sie stehen in Beziehung zueinander durch ihre Persönlichkeiten, die sehr aktiv und freundlich sind. Alle drei sind fleißig, ungeduldig, leidenschaftlich und ruhelos und haben stets hohe Ziele vor Augen. Sie stecken voller Ideen, haben die nötige Ausdauer und den Mut, sie umzusetzen, und kommen immer wieder mit innovativen, unerwarteten, überraschenden und kraftvollen Lösungen daher.

Tiger - Pferd - Hund.

Sie sind durch die Zufriedenheit verbunden, die sie empfinden, wenn sie zusammenarbeiten. Sie sind durch ihre Bescheidenheit, Würde, Ehrlichkeit und ihren hartnäckigen Altruismus verbunden. Einfühlsam, scharfsinnig und kommunikativ, wenn auch ein wenig gewalttätig und streng, kämpfen sie energisch gegen Ungleichheiten, Gewalt und Illegalität. Diese drei Zeichen verkaufen niemals ihr Gewissen.

Ochse - Schlange - Hahn.

Diese drei Zeichen eint ihre Förmlichkeit, ihre Vernunft und die Ernsthaftigkeit, die sie in ihrem Leben erreichen. Sie sind energisch, unternehmungslustig und unermüdlich, unflexibel in ihren Entschlüssen, sie überdenken und planen gerne in Ruhe, bevor sie Verpflichtungen eingehen, die sie später bereuen würden. Was ihnen fehlt, ist Kälte, denn für sie muss die Vernunft über die Gefühle siegen.

Kaninchen - Ziege - Schwein.

Drei emotionale Zeichen, die auch durch ihre Kreativität verbunden sind. Instinktiv, anfällig, sensibel und zurückhaltend, passen sie sich leicht an ihren Lebensraum an, und als gute Profiteure haben sie nichts dagegen, von anderen abhängig zu sein. Ihre täglichen Aussagen beinhalten immer die Worte: Perfektion, Allianz und Konformität.

Hinweis: Gegenüberliegende Zeichen sind gegenüberliegende Feinde:

Ratte -Pferd

Ochse - Ziege

Tiger - Affe

Kaninchen - Hahn

Drache - Hund

Schlange - Schwein.

Schlange

Eigenschaften

Die Schlange hat paranormale oder übersinnliche Fähigkeiten. Der bekannte sechste Sinn ermöglicht es Schlangen, Risiken zu erkennen und neue Pläne blindlings zu wagen, nur weil sie eine Ahnung haben.

Die Schlange ist scharfsinnig und in der Lage, die schwierigen Handlungen der Menschen zu klären. Das ist der Grund, warum wir Psychologen, Medien und Parapsychologen unter den Menschen dieses Zeichens finden.

Schlangen verstehen es, Bedürftigen zu helfen, solange es nicht ihr Bankkonto belastet.

Manchmal neigen sie zum Materialismus, und obwohl sie nicht gierig sind, fällt es ihnen schwer, losgelöst zu sein. Sie neigt dazu, übermäßig zu sparen, und findet dann keine richtige Verwendung für das Geld, weil allein der Gedanke ans Ausgeben ihr Angst macht. Da sie mit einem Stern geboren wurde, spielt sie jedoch gerne bei einigen Spielen mit.

Sie sind in der Liebe besitzergreifend und können es nicht ertragen, von ihrem Partner betrogen zu werden, weshalb sie eifersüchtig sind. Schlangen sind eingebildet, sie sind sehr gute Liebhaber und genießen es, sich in aller Ruhe von der Dominanz eines anderen Menschen mitreißen zu lassen. Sie sind abgeklärt und hassen Überraschungen. Sie sind herablassend zu sich selbst, sind aber sehr hart, wenn es darum geht, Forderungen an andere zu stellen.

Schlangen lieben den Überfluss und sind gerne von Schönheit umgeben. Aus diesem Grund suchen viele Schlangen Partner mit wirtschaftlichem Status.

Es ist unwahrscheinlich, dass eine Schlange Geldprobleme hat, denn sie bekommt das, was sie braucht, zum richtigen Zeitpunkt. Wenn sie zufällig einen großen finanziellen Verlust erleidet, wird sich dieser Umstand nicht wiederholen, denn die Schlange passt sich flink an. Sie kann Fehlbeträge außerordentlich schnell ausgleichen und ist im Allgemeinen sehr vernünftig bei Verhandlungen.

Wenn eine Schlange von Zorn und Wut erfüllt ist, kennt ihr Groll keine Grenzen, ihre heimliche und schweigsame Feindseligkeit bleibt tief verwurzelt. Ihr Zorn wird sich eher in einer Demütigung als in einem heftigen Streit offenbaren. Sie ist jedem Verdacht immer einen Schritt voraus und hat die Macht, genau den richtigen Moment für eine Rache abzuwarten.

Was Partner angeht, so folgt sie ihren eigenen Regeln. Sie genießt die Macht und alles, was sie symbolisiert, darunter natürlich auch Geld, und wenn sie es nicht selbst bekommen kann, heiratet sie denjenigen, der es besitzt, oder einen Partner.

Unabhängig davon, wie wohlhabend oder bedürftig Ihr Partner ist, wird sie Ihre Kapitalquelle sein. Und wenn er oder sie nicht zufällig eine wichtige Stellung erreicht hat, aber über die nötigen Fähigkeiten verfügt, wird die Schlange ihn oder sie auf jeden Fall zum Erfolg führen. Sie wird studieren, was notwendig ist, und wird als bewundernswerte Richterin vorgehen, ohne aufzuhören, ihm oder ihr jede Gelegenheit, die sich ihm oder ihr auf dem Weg offenbart, klug anzuzeigen.

Alle Schlangen haben einen ausgeprägten Sinn für Humor. In schwierigen Situationen hat die Schlange immer einen Witz parat, der die Stimmung hebt. Selbst in den schlimmsten Schwierigkeiten versagt die Schlange nie, diesen Funken zu nutzen.

Die besten Beziehungen für die Schlange sind mit dem Ochsen, dem Hahn und dem Drachen. Sie bilden auch eine gute Kombination mit der Ratte, dem Hasen, der Ziege und dem Hund.

Sie sollte sich vom Tiger fernhalten, der ihre Schlauheit vielleicht nicht zu schätzen weiß. Das Pferd ist ein vulgärer Verwandter, und die Schalkhaftigkeit des Affen wird das Urteilsvermögen der Schlange herausfordern.

Zwischen zwei Schlangen kann es eine friedliche Harmonie geben, aber mit dem Schwein haben sie nichts gemeinsam.

Schlange

Wasserschlange

Wasserschlangen sind schlau und aktiv, aber sehr anhänglich. Sie verlassen ihr Zuhause manchmal schon in einem frühen Alter, um sich aufgrund ihrer unglücklichen Familienverhältnisse eine gute Zukunft aufzubauen.

Diese Schlangen wissen jede Gelegenheit zu schätzen und sind aufgrund ihrer abenteuerlustigen Persönlichkeit sehr erfolgreich im Geschäftsleben. Sie werden ein solides Leben im mittleren Alter führen, nachdem sie verschiedene Höhen und Tiefen erlebt haben.

Die Wasserschlange sollte dreimal nachdenken, bevor sie sich entscheidet, in was sie ihre Energie investieren will, denn obwohl sie sehr kommunikativ ist, ändert sie in verschiedenen Situationen ihre Meinung.

Die Wasserschlange ist die scharfsinnigste aller Schlangen. Ihre Interessen sind vielfältig, denn ihr Wissen ist universell, doch sie arbeitet ständig an sich und ist immer auf dem neuesten Stand. Meistens findet man die Wasserschlange in der Kultur, der Kosmographie und im Bankwesen, wo sie sich der Wahrsagerei widmet. Sie hat viele Anhänger, die ihre Tugenden zu schätzen wissen. Sie ist ein Psychologe der Menschen und weiß, wie man sie manipulieren kann.

Sie ist ruhig und unparteiisch, aber sie ist wirklich rachsüchtig, und wenn ihre unendliche Geduld zu Ende geht, muss man mit einem tödlichen Biss rechnen.

Hölzerne Schlange

Holzschlangen legen großen Wert auf Organisation und lieben es, in einer luxuriös eingerichteten Umgebung zu leben.

Holzschlangen haben ein Talent für die Kunst und sind sehr kreativ. Ihr Geschmack ist fein und sie wissen, wie man gute Werke von schlechten unterscheidet. Sie lieben es, alte Dinge zu sammeln, und haben ein Talent dafür, sie zu pflegen.

Die Holzschlange besitzt im Vergleich zu anderen Schlangen hervorragende Eigenschaften. Sie ist festlich, humorvoll, kommunikativ und aufmerksam. Sie ist immer von vielen Freunden umgeben, die ihre Weisheit und ihre Fähigkeit zum Dienen schätzen. Sie schätzt sie auch, aber sie lässt nicht zu, dass jemand in ihre Seele eindringt.

Diese Schlange zieht es vor, allein oder in einer kleinen und sympathischen Gruppe zu funktionieren, in der alle gleich sind und in der niemand Befehle erteilt, weil sie Predigten hasst. Sie duldet keine Zwietracht und keine Konflikte.

 Sie ist die ehrlichste Schlange, mit einer scharfen Weisheit und Einsicht in das Gleichgewicht der Kräfte. Sie braucht eine starke geistige Unabhängigkeit und ist beharrlich in ihrem Handeln. Die Holzschlange strebt stets nach geistiger, emotionaler und finanzieller Stabilität und erreicht diese auch. Diese Schlange hat die Fähigkeit, ihre Ideen klar auszudrücken und kann ein überzeugender Prediger sein.

Das Element Holz macht die Schlange verführerisch und charmant. Sie leuchtet wie ein Suchscheinwerfer, überzeugt andere nicht von ihrer Naivität, sondern zieht sie mit sich. Diese Schlange hat gewöhnlich ein Verlangen nach teuren Dingen, doch aufgrund dieser Eitelkeit kann sie sich selbst falsch einschätzen. Da die Schlange nach öffentlicher Verehrung strebt, wird sie alles tun, um einen langfristigen und großen Triumph zu erzielen.

Feuerschlange

Feuerschlangen haben Erfahrung und Weisheit, denken schneller und sehen klarer als andere und sind sehr gesprächig. Sie sind aktiv und lieben das Drama. Sie sind als Komödianten und Tänzer geboren. Sie verstehen es durchaus, ihre Gefühle in Geschichten darzulegen, obwohl es für sie ungewöhnlich ist, ihr Privatleben zu erzählen.

Diese Schlange hat ihre eigene Meinung und scheut sich nicht, sie zu äußern. Aber wenn sie sie stört, erwartet sie giftige und grausame Adjektive oder Epitheta. Diese Dinge passen nicht zu ihrer Erscheinung und ihrem Auftreten. Sie ist zugänglich, ansprechbar und eine gute Führungspersönlichkeit.

Diese Schlange hat viele Freunde, die sie von ganzem Herzen für ihren erstaunlichen Sinn für Humor bewundern, die Fähigkeit, ein kluges Wort zu platzieren und plötzlich jeden Spott zu verhindern. Die Feuerschlange muss lernen, mit den Fehlern anderer Menschen flexibel zu sein.

Diese Schlange ist energisch, geistig und körperlich. Sie hat Feuer in sich, und das macht sie feurig und eifrig. Verführerisch in den Augen aller, und mit Anmut ausgestattet, kann sie jeden in ihren Bann ziehen. Sie verkörpert Selbstvertrauen und kann eine Führungspersönlichkeit sein.

Die Feuerschlange kann offen kämpfen, ist von Natur aus außerordentlich misstrauisch und verlässt sich nur auf sich selbst. Sie bestraft ungewöhnlich schnell, ist stark, mit einem extravaganten Wunsch nach Ruhm, Reichtum und Macht ausgestattet und besteht daher auf präzisen Ergebnissen.

Erdschlange

Erdschlangen wissen, wie sie ihre Gefühle kontrollieren können, weil sie sehr vernünftig sind. Ihre romantischen Beziehungen sind intensiv, sie leiden unter vielen romantischen Trennungen im Laufe ihres Lebens, aber sie können sich aufgrund ihrer Vernunft schnell erholen.

Erdschlangen lassen sich nicht gerne kontrollieren, man sollte sie nie in Frage stellen. Sie haben viele Möglichkeiten, Geld zu verdienen, aber es ist sehr schwierig für sie, es zu sparen. Manchmal machen sie so viele Fehler, dass sie echte Chancen aus den Augen verlieren. Sie sollten stabiler und effizienter sein.

Die Erdschlange ist immer orientiert. Sie hat es nie eilig, denn auf diese Weise vermeidet sie, dass ihr alles egal ist. Sie erledigt alle Aufgaben mit Genauigkeit und erwartet viel mehr, wenn ihre Arbeit geschätzt wird. Dieser Schlange kann man im Geschäftsleben vertrauen, insbesondere

bei Aufgaben, die Genauigkeit und Ehrlichkeit
erfordern.

 Erdschlangen sind gutherzig und haben die
Fähigkeit, sich in andere einzufühlen. Sie hat
viele freundschaftliche Beziehungen und
beschützt ihre Familie.

Sie ist eine aufrichtige Schlange, hat Prinzipien,
Werte und ist hartnäckig. Aufgrund ihrer
Fähigkeit, die Dinge vor anderen zu sehen, und
ihrer angeborenen gewundenen Interessen, weiß
sie, wie sie das Kommando übernehmen und jede
Situation lösen kann, in der Chaos regiert. Eine
Erdschlange ist schwer zu bändigen und
interessiert sich nicht für die öffentliche
Meinung.

Diese Schlange ist in ihrer Meinung beständig
und behält sich immer die Macht vor, ihre
eigenen Entscheidungen zu treffen. Sie besitzt
eine angeborene Anmut, modisch zu sein, und
weiß, wie man sie einsetzt.

Metallschlange

Die Metallschlange ist selbstbewusst, sehr mutig und fähig, und sie ist von vielen Anhängern aus allen Bereichen ihres Lebens umgeben. Die meisten von ihnen haben ein majestätisches Aussehen und sind sehr elegant.

Diese Schlangen sind sehr selbstbewusst und machen den Eindruck, arrogant zu sein. Sie fühlen sich wohl dabei, alles allein zu machen. Sie ist eine brillante Strategin, mit einem feinen Gespür dafür, wann und wie man nach Gewinn streben sollte. Sie ist nur an ihren Freunden und ihrer Familie interessiert, andere sind ihr gleichgültig.

Diese Schlange hat einen subtilen Verstand und eine unbezwingbare Willenskraft. Sie ist sehr exquisit in ihrem Geschmack, sie beobachtet alle Gelegenheiten und Gelegenheiten richtig, um den nächsten Schritt zu machen. Sie mag es, sich schnell und leise zu bewegen und weiß, wie sie eine vorteilhafte Position einnehmen kann, bevor jemand sie aufhalten kann.

Eine Metallschlange versucht immer, das Beste aus allem herauszuholen, was sie in ihrem Leben findet. Sie ist umsichtiger, zweideutiger und beständiger als andere Schlangen. Diese Schlange weiß, wie sie ihre Gegner und die Menschen, die sie beneiden, loswerden kann.

Schlange

Machen Sie sich bereit für das Jahr 2024, denn Ihre Ausstrahlung wird zunehmen und Sie werden die Seele jeder Begegnung sein. Sie werden Menschen ohne die geringste Anstrengung anziehen. Jeder wird dich einladen und mit dir zusammen sein wollen. Du wirst wissen, wie du dich bei einflussreichen Menschen bewegen kannst, und in diesem Jahr wird dein Ehrgeiz belohnt werden. Sei vorsichtig, mit wem du sprichst und mit welcher Art von Menschen du zu tun hast, sonst wirst du Fehler machen. Du wirst neue Leute kennenlernen, die dir die Türen zu neuen Umgebungen und

Geschäften öffnen werden, aber auch hier gilt der Rat, nicht voreilig zu sein und gut zu analysieren, mit wem du dich verbindest, wenn du nicht in die Netze eines Räubers geraten willst. Es wird ein fabelhaftes Jahr für Sie sein.

Ein gutes Jahr für die Liebe. Wenn Sie einen Partner haben, werden Sie glücklich sein, aber Sie werden Ihre Beziehung diskret analysieren. Sie werden klar erkennen, was Sie ändern müssen, um vollkommen glücklich zu sein. Sie werden sich sicher sein, ob Sie Ihre Beziehung fortsetzen oder sich trennen sollten. Wenn Sie Single sind, wollen Sie jeden erobern, den Sie können. Sie sind bereit, zu verführen, sich zu verlieben und Spaß zu haben. Es gibt niemanden, der Ihre Leidenschaft aufhalten kann.

Einige könnten die richtige Person finden und eine wertvolle leidenschaftliche Liebe leben. Wenn Sie einen Freund/eine Freundin haben, wird dies ein entscheidendes Jahr für Ihre Beziehung sein, denn Sie könnten erkennen, dass dies die Person Ihres Lebens ist und sich verloben oder sogar heiraten, oder Sie könnten erkennen, dass er/sie nicht der/die Richtige für Sie ist und beschließen, Schluss zu machen. Wenn dies der Fall ist, machen Sie so schnell wie möglich Schluss, blättern Sie die Seite um und werfen Sie das Buch weg. Wenn Sie das nicht tun, werden Sie in einer giftigen und unglücklichen Beziehung gefangen sein, die Sie nicht weiterbringt.

Du magst Geld sehr, du weißt, wie man es verdient, aber es geht dir leicht aus den Händen. In diesem Jahr werden sich starke Energien bewegen, und Sie müssen lernen, es zu behalten, zu reflektieren und gut zu überlegen, wie Sie es ausgeben oder investieren, bevor Sie irgendeine Art von Bewegung machen, sonst werden Sie Ihre wirtschaftliche Stabilität verlieren. Nehmen Sie keine Schulden auf, wenn Sie schon welche haben, zahlen Sie sie, investieren Sie in den Immobiliensektor. Seien Sie vorsichtig mit Ihren Ausgaben und es wird Ihnen gut gehen.

In diesem Jahr werden sich Ihnen viele Möglichkeiten bieten, aber Sie sollten sich mit Ihrer Familie beraten, bevor Sie Entscheidungen treffen. Sie könnten Ihr eigenes Haus kaufen oder ein Kind bekommen.

Wenn Sie sich um sich selbst kümmern, wird Ihre Gesundheit gut sein. Nimm nicht zu viel zu essen und zu trinken und achte auf die Einhaltung der Schlafzeiten. Achten Sie auf Ihren Körper, Ihr Verdauungssystem und vor allem auf Ihren Darm. Mit der richtigen Ernährung wird alles in Ordnung sein.

Wenn Sie Beschwerden beim Sehen oder Schwierigkeiten beim Scharfstellen haben, sollten Sie einen Augenarzt aufsuchen, um eine Diagnose zu erhalten. Wenn Sie es nicht schnell behandeln, könnten Sie schwere Kopfschmerzen bekommen, die Sie daran hindern, normal zu arbeiten.

Im Jahr des Holzdrachen müssen sie sich Respekt verschaffen, sich ehrenhaft zeigen und sich vor Intrigen hüten, in die sie verwickelt sein könnten.

Die Schlange hat eine tiefe Menschenkenntnis
und sie wird Menschen mit schlechten Absichten
kommen sehen und wissen, wie sie mit ihnen
umgehen müssen.

Kombination der Tierkreiszeichen mit dem chinesischen Horoskop

Wenn man östliche und westliche Horoskope kombiniert, ist es erstaunlich, wie sehr sie miteinander verbunden und genau sind.

Chinesische und westliche Horoskope sind die am häufigsten verwendeten Horoskope. Wenn Sie die Möglichkeit haben, sie gründlich zu verstehen, wird es für Sie einfacher sein, sie zu nutzen und einen zentralen Ansatz zu verfolgen.

Beide Horoskope basieren auf der Position der Sterne, aber im chinesischen Horoskop werden 28 Sternbilder verwendet, im westlichen Horoskop 88. Das chinesische Horoskop basiert auf 12 Tieren, die jedes Jahr regieren, und das westliche Horoskop basiert auf 12 Zeichen, die jeden Monat regieren.

Das chinesische Horoskop basiert auf dem Mondkalender und ist das älteste bis heute bekanntes Horoskop. Ihr Sternzeichen stimmt wahrscheinlich mit Ihrem Zeichen im chinesischen Horoskop überein, aber das kommt nicht oft vor. Wenn das der Fall wäre, wären die Vorhersagen genauer.

Zwischen den Zeichen beider Horoskope besteht eine Gleichwertigkeit:

Widder/Drache, Stier/Schlange, Zwillinge/Pferd, Krebs/Ziege, Löwe/Affe, Jungfrau/Wildschwein, Waage/Hund, Skorpion/Schwein, Schütze/Ratte, Steinbock/Steinbock, Wassermann/Tiger und Fische/Kaninchen.

Kombinationen

Schlange

Widder / Schlange

Dies ist eine Person mit außergewöhnlicher Willenskraft. Er ist langsam und methodisch und vertraut nie auf die Meinung anderer. Seine Haltung, umsichtig zu sein und immer zu wissen, was in einer bestimmten Situation das Beste ist, sticht hervor.

Die weise Schlange schenkt dem Widder die Gabe der Intuition und garantiert so den Erfolg. Ihre Entscheidungen sind immer präzise und zeitnah, sie erreichen mit Leichtigkeit alles, was sie planen. Sie haben eine unglaubliche

Fähigkeit, das Schicksal der anderen Menschen zu beeinflussen.

Stier/Serpent

Diese Menschen erwecken den Eindruck, positive Menschen zu sein, die jedoch Zuneigung brauchen. Sie werden für ihr ausgeglichenes Temperament geliebt. Sie haben unendlich viel Geduld und erreichen deshalb immer ihre Ziele.

Die Verbindung zwischen dem strebsamen Stier und der intelligenten Schlange ist erfolgreich, es ist eine Energie, die durch Pragmatismus, Gelassenheit und Vernunft verstärkt wird.

Zwillinge/ Schlange

Es sind Menschen voller Begeisterung und Optimismus. Trotz ihrer Vielseitigkeit sind sie nicht oberflächlich, sondern neigen eher zur Abstraktion und zum Nachdenken.

Menschen dieser Kombination sind organisiert, was für das Zeichen Zwillinge nicht charakteristisch ist. Die Verbindung von Schlange und Zwillinge ist interessant, da sich diese beiden Zeichen gegenseitig verstärken. Allerdings können sie anspruchsvoll sein.

Krebs / Schlange

Diese Verbindung ergibt ein geheimnisvolles Individuum. Die Hauptbesonderheit ist seine Intuition. Er duldet keine unangenehme Kritik über sich selbst, obwohl er eine attraktive und lustige Person ist, die weiß, wie man andere zu gefallen.

Er ist sehr intelligent, sensibel und korrekt, daher sind Gespräche mit ihm voller positiver Energien.

Löwe /Schlange

Diese Mischung ergibt Personen, denen es an Pragmatismus mangelt. Sie beteiligen sich aktiv in das Leben anderer Menschen. Es ist eine sehr starke Person, die immer erfordert übermäßige Anforderungen. Sie denken, sie sind das letzte Koks in der Wüste, deshalb sind sie immer beschweren sich bei anderen, obwohl sie es mit Takt und Diplomatie zu tun.

Er ist ein sehr geselliger, kommunikativer und höflicher Mensch, aber er verbirgt sorgfältig seine wahren Gefühle.

Jungfrau/ Schlange

Diese Kombination macht sie zu einer ruhigen Person, die anderen Vertrauen einflößt. Es ist bemerkenswert, nicht nur ihre äußere Schönheit, sondern auch ihre guten Manieren und Bildung. Sie hat eine ausgeprägte Intuition und einen methodischen Verstand. Sie nimmt sich viel Zeit zum Nachdenken, um Schlussfolgerungen ziehen zu können.

Er ist eher ein ruhiger Mensch, aber wenn er sich mitteilt, ist er interessant, da er gerne scherzt und neutrale Themen anspricht.

Waage/Schlange

Das ist der diplomatischste Mensch auf der Welt.
Es ist eine berühmte Mischung, denn diese
Menschen sind sehr ruhig und ausgeglichen. Sie
sind sehr höflich und respektieren die Meinung
anderer.

Sie brauchen keine Anerkennung von außen, weil
sie sehr selbstbewusst sind. Man kommt leicht
mit ihnen aus, sie blicken optimistisch in die
Zukunft und ziehen mit ihrem Charme alle
möglichen Menschen in ihr Leben.

Sie sind jedoch nicht so unschuldig, wie es
scheint, ihre Weisheit überschreitet alle Grenzen,
und ihre Ansichten sind jenseitig.

Skorpion/Schlange

Diese Mischung neigt zu unvorhersehbaren
Handlungen. Ihr Wille ist sehr stark.

Es ist buchstäblich unmöglich, diese
Kombination zu verwechseln, weil sie immer
nach ihren eigenen Idealen handelt. Sie tut
ausschließlich das, was sie für nötig hält, und
bringt dabei andere in Bedrängnis. Alle um sie
herum müssen sich ihrem Willen unterordnen,
und wer das nicht tut, wird zu ihrem Feind.
Zugleich sucht sie ihren inneren Frieden.

Schütze /Schlange

Diese Kombination ist die attraktivste und
geselligste unter den Schlangen. Sie ist
charismatisch, aber voll von Widersprüchen. Sie
ist intelligent und einfühlsam, aber auch in der
Lage, unüberlegte Entscheidungen zu treffen, da
sie auch emotional und impulsiv ist.

Die Menschen um ihn herum verstehen sie kaum,
und sie billigen auch nicht seinen bizarren
Lebensstil.

Steinbock/Schlange

Diese Person hat einen entwickelten Intellekt, ist vernünftig und hat eine erschreckende Kaltblütigkeit. Er ist anderen gegenüber völlig gleichgültig und braucht nie ihre Unterstützung.

Sie reagiert manchmal wütend, wenn sie kritisiert wird. Sie hat einen superbegabten Verstand und kalkuliert jede Situation im Voraus. Sie ist sehr kontrolliert, sie hat nie den Luxus, dass Emotionen sie überwältigen, aber natürlich hat sie viele Schwächen, die sie zu einem gewöhnlichen Menschen machen.

Wassermann /Schlange

Dieser Mix verbringt sein Leben mit der Sehnsucht nach neuen Erfahrungen. Diese Kombination ist sympathisch, da sie eine effiziente Person mit transformatorischem Denken ist.

Sie haben herausragende Fähigkeiten und unvergleichliche Begabungen. Das Wichtigste für sie ist, nicht wie jemand anderes auszusehen. Sie haben eine so große Energie, dass sie jedes Hindernis leicht überwinden.

Fische / Schlange
Wir haben es hier mit einer gemäßigten und gebildeten Person zu tun. Sie gilt als ein Vorbild an Gerechtigkeit.

Die Schlange verleiht dir Seriosität, Macht und Festigkeit. Sie zeichnet sich durch ihre Höflichkeit und Geduld aus, aber auch durch ihre Launen und ihren Wunsch nach Rache, wenn man ihr in die Quere kommt. Sie ist sehr überschwänglich und möchte 24 Stunden am Tag Leidenschaften leben.

Dekorieren Sie Ihr Zuhause nach Feng-Shui

Feng Shu ist eine chinesische Philosophie, die sich mit der Umwelt beschäftigt und auf der Theorie von Yin und Yang und den fünf Elementen basiert.

Experten haben gezeigt, dass im alten China regelmäßig Gebiete gewählt wurden, die von Bergen umgeben sind und einen Fluss haben. Dies lag nicht nur daran, dass diese Gebiete die wichtigsten Kriterien für das Überleben darstellten, sondern auch daran, dass sie den vom Feng-Shui festgelegten Mustern entsprachen.

Die Hauptidee des Feng-Shui ist es, ein Gleichgewicht zwischen dem Menschen und dem Universum herzustellen. Wenn es gute Energien gibt, gibt es ein Gleichgewicht, da Feng-Shui das Schicksal eines jeden Menschen beeinflusst.

Durch das Studium des Feng-Shui können die Menschen an ihrer Kompatibilität mit der Natur, ihrer Umgebung und ihrem Leben arbeiten, um

mehr Wohlstand und Gesundheit im Leben zu
erreichen.

Theorie der fünf Elemente

Die Theorie der fünf Elemente ist ein Bestandteil
des Feng-Shui. Diese Elemente sind wichtig für
die Bestimmung des richtigen Feng-Shui in
einem bestimmten Raum. Diese Elemente sind:
Feuer, Erde, Metall, Wasser und Holz, und jedes
hat eine Besonderheit, die bestimmte Aspekte des
Lebens symbolisiert.

Die Fünf Elemente sind der Ausdruck, der im
Feng-Shui verwendet wird, um die Struktur der
Natur zu erklären, und diese Elemente wirken
zusammen und müssen immer ausgeglichen sein.

Feng-Shui für die zwölf Zeichen des chinesischen Horoskops

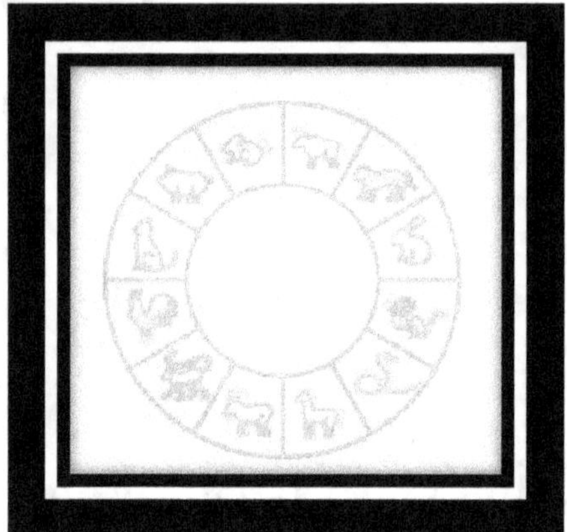

Das Zeichen der Ratte

Wasser begünstigt Menschen, die unter dem Zeichen der Ratte geboren sind, es hilft ihnen, Wohlstand zu erlangen. Um Fülle zu erhalten, sollten sie ein Goldfischbecken in den nördlichen Teil ihres Büros stellen.

Das Zeichen des Ochsen

Menschen dieses Zeichens werden Wohlstand erreichen, wenn sie das Element Feuer nutzen. Um dies zu erreichen, sollten sie Porzellan- oder

Keramikartikel in ihren Geschäften oder Büros und in ihren Häusern aufstellen.

Das Zeichen des Tigers

Das Erdelement ist dasjenige, das Personen, die dem Zeichen des Tigers angehören, verwenden sollten. Sie sollten etwas Relevantes hinzufügen, dass dieses Erdelement symbolisiert. Eine Topfpflanze oder eine natürlich wachsende Blume kann Wohlstand in ihr Leben bringen.

Kaninchen-Schild

Um Glück und Fülle anzuziehen, brauchen Menschen mit dem Zeichen Hase ein geheimes Erdelement in ihrem Leben. Sie sollten eine Jade oder einen Citrin-Quarz im nordöstlichen Teil Ihres Hauses oder Büros verstecken.

Drachen-Zeichen

Der Nordwesten ist hervorragend für diejenigen, die im Zeichen des Drachen geboren sind. In diese Richtung sollten sie eine Schale mit klarem Wasser, vermischt mit ein wenig Erde, stellen. Eine andere Möglichkeit ist, eine Lotusblume in eine Schale zu legen.

Das Zeichen der Schlange

Menschen, die dem Zeichen der Schlange angehören, werden zu Wohlstand kommen, wenn sie Metallgegenstände, insbesondere Gold und Silber, in ihrem Haus oder Büro verwenden.

Das Zeichen des Pferdes

Der Nordwesten ist die empfohlene Position für Menschen mit dem Zeichen des Pferdes, um ein großes Kapital zu erhalten. Sie sollten einen Metallfrosch im Nordwesten ihres Hauses oder Geschäfts platzieren.

Das Zeichen der Ziege

Norden ist die geeignete Himmelsrichtung für Menschen, die im Zeichen der Ziege geboren sind. Sie sollten eine kleine Holzkiste oder einen anderen hölzernen Gegenstand im Norden ihres Büros oder ihrer Wohnung aufstellen.

Wenn sie eine Holzkiste verwenden, sollten sie einen Gegenstand, der mit ihrem Beruf zu tun hat, in die Kiste legen. Ein Schriftsteller kann zum Beispiel einen Bleistift in die Kiste legen.

Affe Zeichen

Damit Wohlstand in das Leben von Menschen kommt, die im Zeichen des Affen geboren sind, sollten sie eine Pflanze in ihrer Größe oder größer in dieser Himmelsrichtung auf der Westseite des Hauses oder des Unternehmens aufstellen.

Hahn Zeichen

Wer dem Sternzeichen Hahn angehört, hat Glück,
wenn er einige Samen in ein Glas, eine Flasche
oder eine Schale von dunkelroter Farbe legt. Sie
sollten kein Metall verwenden.

Hundeschild

Menschen, die dem Zeichen des Hundes
angehören, sollten in ihrem Leben auf die
Elemente Wasser und Erde verzichten. Sie
können Baumstämme oder Pflanzenzweige in ihr
Büro oder ihre Wohnung stellen, aber sie können
sie nicht in Wasser oder Erde stellen.

Das Zeichen des Schweins

Menschen, die im Zeichen des Schweins geboren
sind, brauchen das Element Feuer in ihrem
Leben, um Glück zu haben. Sie können ein
Keramiktablett oder andere Gegenstände aus Ton
in ihrem Haus aufstellen.

Feng-Shui 2024

Im Jahr des Drachen sollten Sie Perlenarmbänder
oder Armreifen tragen.

Sie sollten ein Amulett mit einer Drachenfigur
oder ein Feng-Shui-Glücks-Windspiel mit
Kristallen aufstellen und es im Südosten Ihres
Hauses oder im Familienbereich Ihres
Schlafzimmers oder Büros platzieren.

Vergessen Sie nicht, Ihre Wohnung mit
Grünpflanzen, natürlichen Blumen in
verschiedenen Farben, Fotos, Bildern oder
Darstellungen zu dekorieren, die Landschaften
und Gärten charakterisieren.

Sie sollten auch hölzerne Dekorationen
verwenden und keine Fotos von verstorbenen

Familienmitgliedern neben die aktuellen Familienfotos stellen, da die Schwingung dieser Fotos schmerzhaft ist und Ihnen Energie raubt.

Das chinesische Neujahrsfest hat viele Traditionen, um das Alte zu verabschieden und Platz für das Neue zu schaffen. Eine Tradition, die wir empfehlen, ist, am ersten Tag des chinesischen Mondneujahrs nicht in der heimischen Küche zu kochen, da es Unglück bringt, scharfe Instrumente wie Messer herauszunehmen. Dies kann das Glück für den Rest des Jahres schmälern.

Die ersten 15 Tage des chinesischen Neujahrsfestes werden gefeiert, und obwohl es stimmt, dass uns manchmal die Zeit dazu fehlt, ist es ratsam, im Voraus Vorbereitungen zu treffen.

Wenn Sie es schaffen, im Voraus vorbereitet zu sein, wird dies Ihnen helfen, Wohlstand anzuziehen. In diesem Jahr sollten Sie zwei Tage vor dem chinesischen Neujahrsfest, also am Donnerstag, den 8. Februar 2024, mit einer gründlichen Reinigung Ihres Hauses beginnen. Vergessen Sie nicht, dass es Unglück bringt, am ersten Tag des neuen Jahres zu putzen, weil Sie damit Ihr ganzes Glück aus der Haustür fegen würden.

Am Abend vor dem chinesischen Neujahrsfest, am Freitag, dem 9. Februar 2024, sollten Sie alle Ihre Ziele für das Jahr planen und aufschreiben, falls Sie dies nicht schon am 1. Januar getan haben.

Schreiben Sie nach dem Neumond am Freitag, den 09.02.2024 um 17:58 Uhr EST absolut alle Ihre Wünsche auf. Welche Ziele wollen Sie in Ihrem Berufsleben, in Ihrem Finanzbereich, in Ihrem Liebesleben und in Ihrem Familienleben erreichen? Schreiben Sie eine Liste für jeden Bereich Ihres Lebens, den Sie verbessern möchten.

Wenn du eine Holztruhe kaufen kannst, wäre das ideal, denn darin kannst du deinen Wunschzettel zusammen mit einem Pyrit quarz und einem Citrin aufbewahren, die als Steine bekannt sind, die Wohlstand und Fülle anziehen. In die Truhe sollten Sie drei chinesische Münzen legen, denn sie sind traditionelle Symbole des Überflusses.

Alles, was Sie in diese Truhe legen, wird Ihre Wünsche schützen und die Wohlstandsenergien verstärken. Sie sollten diese Truhe an einem besonderen und sicheren Ort aufbewahren, am besten an einem hoch gelegenen Ort, denn so können Sie positive Energien von einer prominenten Stelle aus anziehen.

Vergiss nicht, neue Kleidung zu tragen, denn sie steht für die neuen Energien, die du in dein Leben ziehen willst. Du solltest einige rote Details tragen.

Besonders am Neujahrstag sollten Sie versuchen, sich nicht aufzuregen. Wenn möglich, nehmen Sie sich an diesem Tag frei, damit Sie sich nicht mit dem Verkehr oder anderen Sorgen herumschlagen müssen. Denken Sie daran, auf dem Markt eine Tüte Orangen zu kaufen, denn das symbolisiert den Eintritt von Wohlstand in Ihr Haus im neuen Jahr.

Tipps für das Jahr 2024

Dies ist ein spektakuläres Jahr für Ihr persönliches Wachstum, deshalb sollten Sie die sich bietenden Gelegenheiten nutzen und nicht nur Ihre Fähigkeiten ausbauen, sondern auch neue erlernen.

Alles, was Sie in diesem Jahr 2024 tun, wird eine Investition in Ihre Zukunft sein. Es wird ein sehr arbeitsreiches Jahr sein, aber die Energien sind ermutigend, denn das Jahr des Drachen wird Ihnen die Gelegenheit geben, die Sie für Ihren Erfolg brauchen. Um davon zu profitieren, müssen Sie sich jedoch über alle Optionen, die Ihnen zur Verfügung stehen, beraten lassen und alle Möglichkeiten analysieren.

Sie müssen aufmerksam sein und bereit, sich alle Ratschläge und Hilfen anzuhören. Mit Willenskraft und Initiative werden sich neue Türen für Sie öffnen.

In diesem Jahr des Drachen gibt es viel zu lernen, aber wenn Sie die Herausforderung annehmen, können Sie nicht nur in Ihrem Beruf vorankommen und Ihr Einkommen steigern, sondern auch wertvolle Erfahrungen sammeln.

Im Jahr des Drachen werden Sie sich nicht nur an größeren finanziellen Gewinnen erfreuen, sondern mit Ihrer unternehmerischen Natur auch ein Hobby finden, das Ihnen Wohlbefinden bringt.

Allerdings müssen Sie bei Ihren Ausgaben diszipliniert und sorgfältig haushalten, vor allem, wenn Sie an sehr umfangreichen Transaktionen beteiligt sind.

Wenn Sie im Laufe des Jahres Verträge unterzeichnen oder wichtige Vereinbarungen treffen müssen, sollten Sie die Bedingungen und alle Auswirkungen prüfen.

Um Ihre beste Leistung zu erbringen, sollten Sie einen ausgewogenen Lebensstil pflegen, Sport treiben, Ihren Schlafrhythmus einhalten und sich gesund ernähren. Es wird von Vorteil sein, wenn Sie neue Freunde finden.

Im Jahr des Drachen kann das Leben geheimnisvoll wirken und zufällige Ereignisse anziehen, die Ihnen viele Möglichkeiten eröffnen. Der Zufall spielt in diesem Jahr eine wichtige Rolle in deinem Leben und verändert deine wirtschaftliche Situation. Ab Mai wird es eine Menge sozialer Aktivitäten geben, und Sie werden eine Menge Spaß haben können.

Es wird ein lohnendes Jahr, in dem es Entscheidungen zu treffen, Anschaffungen zu tätigen und Vergnügungen zu genießen gilt.

Diejenigen, die einen Partner haben, werden feststellen, dass sie gemeinsam mehr Erfolg haben.

Es ist ein Jahr, in dem die Fähigkeit, Gelegenheiten wahrzunehmen, viele Vorteile bringen wird. Das Jahr des Drachen hat großes

Potenzial, also bleiben Sie offen für Gelegenheiten und seien Sie auf Veränderungen und Anpassungen vorbereitet. Das Jahr des Drachen wird Unternehmer belohnen.

Am selben Abend, vor dem Jahreswechsel, sollten Sie Ihr Haus reinigen, alle Fenster zum Lüften öffnen und weiße und gelbe Blumen in allen Gemeinschaftsbereichen Ihres Hauses aufstellen. Speziell am Eingang sollten Sie Räucherstäbchen aus Zimt, Sandelholz, Eukalyptus oder Lavendel oder ein Räucherstäbchen aus Palo Santo, weißem Salbei oder Vanille aufstellen.

Sie müssen das Haus gut räuchern. Unter Räuchern versteht man die Erzeugung von Rauch, im Allgemeinen mit Hilfe von Weihrauch, um die Umgebung zu aromatisieren und als Instrument der Reinigung und Säuberung zu nutzen. Die Besonderheit besteht darin, dass sie einen angenehmen Duft verströmen, dem entspannende Eigenschaften zugeschrieben werden. Viele Menschen benutzen Räucherstäbchen, um die energetischen Schwingungen ihrer Wohnung zu verändern.

Wenn Sie eine Räucherung haben, die Sie im ganzen Haus verteilen, denken Sie daran, kreisende Bewegungen nach rechts zu machen. Wenn ihr einen persönlichen Bereich reinigen wollt, solltet ihr mit eurem eigenen Körper beginnen, von den Füßen bis zum Kopf, und dann zum Herzen zurückkehren, wobei ihr immer leichte Kreise macht.

Da dies das Jahr des Hasen ist, ist es ratsam, ein paar Metall- oder Holzhasen im Haus zu haben, und wenn Sie die Möglichkeit haben, auch ein paar Glaskaninchen, da sie das Element des Jahres repräsentieren: Wasser.

Wenn Sie diese Möglichkeit nicht haben, können Sie ihn mit Bildern, Porträts oder Figuren symbolisieren. Betrachten Sie ihn als Glücksbringer, denn schließlich ist das Kaninchen bestrebt, den Wohlstand zu sichern. Er wird viel Reichtum in dein Haus bringen.

Eine weitere Empfehlung für 2024 ist es, einige Wände in Ihrem Haus in Himmelblau zu streichen. Diese Farbe ist eine der Wohlstandsfarben für dieses neue Jahr. Seien Sie vorsichtig damit, Ihr Zuhause mit Blau zu überladen. Sie sollten nie vergessen, dass es am wichtigsten ist, das Gleichgewicht zu halten. Wenn Sie es mit Blau übertreiben, werden Sie Entmutigung oder Apathie anziehen.

Eine weitere Alternative oder Option ist es, es mit Ihnen zu tragen, in Form eines Armbands, baumelnden Ohrringen, Pendeln, Schläfern, an einem Ring, Schlüsselanhänger oder einem Talisman in Ihrer Tasche oder Handtasche. Wenn Sie sowohl das Kaninchen als auch das Wasser haben, wird dies eine Assoziation von Reichtum, Schutz und Glück in Ihrem Leben, Haus oder Büro bilden. Denken Sie immer daran, dass alles von Beständigkeit und Anstrengung begleitet wird.

Wenn Sie einige Pflanzen wie Basilikum kaufen können, die eine große Fähigkeit haben, Fülle zu erzeugen, neben ihrer Kraft, schlechte Schwingungen zu vertreiben und umzuwandeln, werden Sie es nicht bereuen. Jasmin wäre eine weitere gute Option, Ihr Haus wird immer duften und gute Schwingungen haben. Sie sollten frischen Jasmin in Ihrem Haus haben, wann immer Sie die Möglichkeit dazu haben, aber das Wichtigste ist, dass der erste Tag des chinesischen Jahres in irgendeiner Ecke Ihres Hauses ist.

Rituale zum Beginn des chinesischen Neujahrs 2024

 Das chinesische Neujahrsfest sollte mit Freude, Musik und einem üppigen Familienessen begrüßt werden. Es ist eine Zeit, in der man feiert und sich auf Glück und Wohlstand für das kommende Jahr konzentriert.

Sie sollten neue Kleidung tragen, weil dies einen Neuanfang symbolisiert.

Eine klangvolle Farbe wie Rot, die im Allgemeinen für Harmonie, Glück und Wohlbefinden steht, eignet sich hervorragend für diesen Tag.

Vermeiden Sie es, Weiß oder Schwarz zu tragen, während Sie auf das neue Jahr warten, da dies die Farben sind, die man normalerweise zu Beerdigungen trägt.

Eine Reinigung als Vorbereitung auf das chinesische Neujahrsfest in Form eines Rituals ist sehr nützlich.

Diese Reinigung soll böse Geister abwehren, die sich vielleicht in den Ecken des Hauses verstecken.

Normalerweise tauschen die Menschen Möbel aus oder stellen sie um, bessern die Farbe in ihrer Wohnung aus, reparieren Schäden und waschen die Fenster mit viel Wasser.

Energetische Rituale zur Reinigung

Noch am selben Abend, bevor das neue Jahr beginnt, sollten Sie Ihr Haus putzen, alle Fenster zum Lüften öffnen und weiße und rote Blumen in allen Gemeinschaftsräumen Ihres Hauses aufstellen.

Speziell am Eingang sollten Sie Zimt, Sandelholz, Eukalyptus oder Lavendel räuchern oder Lorbeerblätter verbrennen. Lorbeer ist eine Pflanze, die die Fähigkeit hat, zu schützen, zu reinigen und zu heilen. Eine weitere Möglichkeit, positive Energien in Ihr Haus zu holen, ist die Kombination von Zimt und Lorbeerblättern. Verbrennen Sie Lorbeerblätter und bestreuen Sie sie mit Zimtpulver. Wenn diese Mischung angezündet ist, verteilen Sie den Rauch in den Räumen Ihres Hauses.

Sie müssen das Haus gut räuchern. Sahumar ist die Erzeugung von Rauch, in der Regel mit Hilfe von Weihrauch, um die Umgebung zu aromatisieren und als Instrument der Reinigung und Entschlackung zu nutzen.

Ihre Besonderheit ist, dass sie einen angenehmen Duft verströmen, dem eine entspannende Wirkung nachgesagt wird.

Viele Menschen verwenden Räucherstäbchen, um die energetischen Schwingungen in ihrem Haus zu verändern.

Wenn Sie ein Räucherstäbchen haben, das Sie im Haus herumreichen, denken Sie daran, kreisende Bewegungen nach rechts zu machen.

Wenn Sie einen persönlichen Bereich reinigen wollen, sollten Sie mit Ihrem eigenen Körper beginnen, von den Füßen bis zum Kopf, und dann zum Herzen zurückkehren, wobei Sie immer leichte Kreise ziehen.

Da dies das Jahr des Grünen Holzdrachen ist, ist es ratsam, ein Paar Holzdrachen in Ihrem Haus zu haben. Wenn Sie diese Möglichkeit nicht haben, können Sie sie mit Bildern, Porträts oder Figuren symbolisieren.

Eine weitere Empfehlung für das Jahr 2024 ist es, einige Wände Ihres Hauses grün zu streichen.

Diese Farbe symbolisiert Wohlstand für dieses Jahr. Übersättigen Sie Ihr Haus nicht mit Grün, denken Sie daran, das Gleichgewicht zu halten. Wenn Sie es mit Grün übertreiben, werden Sie Stress in Ihr Leben ziehen.

Eine Möglichkeit oder Option ist es, es mit Ihnen zu tragen, als Armband, Anhänger Ohrringe, Pendel, Schläfer, auf einem Ring, Schlüsselanhänger oder Talisman in der Tasche oder Handtasche, wird dies eine Assoziation von Reichtum, Schutz und viel Glück in Ihrem Leben, zu Hause oder im Büro zu bilden.

Wenn Sie einige Pflanzen wie Lavendel, Raute oder die Geldpflanze kaufen können, die die Fähigkeit haben, Fülle zu erzeugen, zusätzlich zu ihrer Kraft, schlechte Schwingungen zu vertreiben und umzuwandeln, werden Sie es nicht bereuen.

Da Wasser das Element ist, das das Holz ergänzt, wird ein Wasserbrunnen am Eingang Ihres Hauses Wohlstand anziehen. Vergessen Sie nicht, dass das Wasser nach innen fließen sollte.

 Das Aufstellen eines Wasserbrunnens im Wohlstandsbereich Ihres Hauses, auf der linken Seite, auf der Rückseite, von der Eingangstür aus gesehen, wird Ihnen viele materielle Vorteile bringen.

Zusammen mit Grün ist Rot die Glücksfarbe für dieses Jahr 2024, du solltest sie in deinem Haus verwenden, um die Energien des Glücks zu aktivieren. Sie können Rot auf Ihrer Kleidung tragen, oder mit einem anderen Kleidungsstück wie einem Schal, einer Mütze oder einem Armband, so dass Sie Geld anziehen können.

Das chinesische Neujahrsfest sollte mit Freude, Musik und einem üppigen Familienessen begrüßt werden. Es ist eine Zeit des Feierns, in der man sich auf Glück und Wohlstand für das kommende Jahr konzentriert. **Man sollte** neue Kleidung tragen, denn sie symbolisiert einen Neuanfang.

Eine klangvolle Farbe wie Rot, die im Allgemeinen für Harmonie, Glück und Wohlbefinden steht, eignet sich hervorragend für diesen Tag.

Vermeiden Sie es, Weiß oder Schwarz zu tragen, während Sie auf das neue Jahr warten, da dies die Farben sind, die man normalerweise zu Beerdigungen trägt.

Eine Reinigung als Vorbereitung auf das chinesische Neujahrsfest in Form eines Rituals ist sehr nützlich. Diese Reinigung soll böse Geister abwehren, die sich vielleicht in den Ecken des Hauses verstecken.

Normalerweise tauschen die Menschen Möbel aus oder stellen sie um, bessern die Farbe in ihrer Wohnung aus, reparieren Schäden und waschen die Fenster mit viel Wasser.

Über den Autor

Neben ihrem astrologischen Wissen verfügt Alina Rubi über eine reichhaltige berufliche Ausbildung; Sie hat Zertifizierungen in Psychologie, Hypnose, Reiki, Bioenergetischer Kristallheilung, Engelsheilung, Traumdeutung und ist spirituelle Lehrerin. Sie verfügt über Kenntnisse der Gemmologie, die sie nutzt, um Steine oder Mineralien zu programmieren und sie in mächtige Amulette oder Talismane des Schutzes zu verwandeln.

Rubi hat einen praktischen und zielgerichteten Charakter, der es ihr ermöglicht hat, eine besondere und integrative Vision von mehreren Welten zu haben, die Lösungen für spezifische Probleme erleichtern. Alina schreibt die Monatshoroskope für die Website der American Assoziation oft Astrologe; Sie können sie auf der Website www.astrologers.com nachlesen. Derzeit schreibt sie eine wöchentliche Kolumne in der Zeitung El Nuevo Herald über spirituelle

Themen, die jeden Freitag in digitaler Form und montags in gedruckter Form erscheint. Er hat auch eine Sendung und ein Wochenhoroskop auf dem YouTube-Kanal dieser Zeitung. Ihr Astrologisches Jahrbuch erscheint jedes Jahr in der Zeitung "Diario las Américas" unter der Rubrik Rubi Astrologa.

Rubi hat mehrere Artikel über Astrologie für die monatliche Publikation "Today's Astrologer" verfasst und Kurse über Astrologie, Tarot, Handlesen, Kristallheilung und Esoterik gegeben. Er hat ein wöchentliches Video über Astrologie-Themen auf dem YouTube-Kanal des New Herald. Sie hatte ihre eigene Astrologie-Sendung, die täglich auf Flamingo TV ausgestrahlt wurde, wurde von mehreren Fernseh- und Radioprogrammen interviewt und veröffentlicht jedes Jahr ihr "Astrologisches Jahrbuch" mit dem Horoskop Zeichen für Zeichen und anderen interessanten mystischen Themen.

Sie ist Autorin der Bücher "Reis und Bohnen für die Seele" Teil I, II und III, eine

Zusammenstellung von esoterischen Artikeln, die auf Englisch und Spanisch veröffentlicht wurden, "Geld für alle Taschen", "Liebe für alle Herzen", "Gesundheit für alle Körper", "Astrologisches Jahrbuch 2021", "Horoskop 2022", "Rituale und Zaubersprüche für den Erfolg im Jahr 2022, Zaubersprüche und Geheimnisse", "Astrologie Kurse", "Rituale und Zauber 2024" und "Chinesisches Horoskop 2024" sind alle in sieben Sprachen verfügbar.

Sie hat ihren YouTube-Kanal mit Themen aus Psychologie, Esoterik und Astrologie, auf dem Sie Videos über Seelenverwandte, Reinkarnation, Körpersprache, Astralreisen, bösen Blick, Zaubersprüche und viele weitere Themen genießen können. Rubi spricht perfekt Englisch und Spanisch, sie kombiniert all ihre Talente und ihr Wissen in ihren Lesungen. Derzeit lebt sie in Miami, Florida.

Weitere Informationen finden Sie auf ihrer Website www.esoterismomagia.com

Angeline A. Rubi ist die Tochter von Alina Rubi. Seit ihrer Kindheit interessiert sie sich für alle esoterischen Themen und praktiziert seit ihrem vierten Lebensjahr Astrologie und Kabbala. Sie hat Kenntnisse in Tarot, Reiki und Gemmologie. Sie ist nicht nur die Autorin, sondern auch die Herausgeberin aller Bücher, die von ihr und ihrer Mutter veröffentlicht wurden.

Für weitere Informationen kontaktieren Sie sie bitte per E-Mail: rubiediciones29@gmail.com